생각이 번쩍, 미래가 반짝!

생각의 탄생

❽ 스포츠와 올림픽

글 장지원

고려대학교 세종캠퍼스 미디어문예창작학과를 졸업한 뒤, 프리랜서 기자 겸 작가로 일하고 있습니다. 주로 문화 예술과 스포츠를 주제로 글을 쓰고 있어요. 특히 2014년부터는 축구 직관 여행 블로그 '니스의 꼴킥'을 운영하며, 우리나라 프로 축구 K리그를 중심으로 축구장의 다양한 즐거움을 글과 사진으로 전달하고 있어요. 이 블로그는 2024년까지 네이버 '이달의 블로그'에 총 3회나 선정되었답니다. 지은 책으로 『K리그 직관 가이드─전국 축구장에 놀러 가기!』, 『세상은 축구공 위에 있어』 등이 있습니다.

그림 이창우

부산대학교 미술학과를 졸업하고 일러스트레이터가 되어 만화와 그림을 그리고 있습니다. 국정홍보처, 법제처의 간행물과 《서울경제신문》, 《어린이동아》 등 다양한 매체에 일러스트 작업을 했습니다. 《독서평설》, 《과학동아》 등에 연재하고 있습니다. 그린 책으로 『토픽으로 잡는 똑똑한 초등 독해』 시리즈, 『세상이 번쩍, 생각이 반짝! 전쟁과 발명』, 『서울대 교수와 함께하는 10대를 위한 교양 수업 5』 등이 있습니다.

기획 자문 김대식

독일 막스플랑크뇌연구소에서 석박사 학위를 받은 뒤 미국 매사추세츠 공과 대학(MIT)에서 박사 후 과정을 보냈습니다. 지금은 한국과학기술원(KAIST) 전기 및 전자공학부 교수로 일하고 있습니다. 쓴 책으로는 『인간을 읽어내는 과학』, 『그들은 어떻게 세상의 중심이 되었는가』, 『당신의 뇌, 미래의 뇌』, 『메타버스 사피엔스』 등이 있습니다.

『생각의 탄생』 시리즈

생각의 탄생은 여기저기 흩어져 있는 문명 탄생의 순간들을 주제별로 한데 모아 인류가 어떤 생각들을 떠올리며 발전해 왔는지를 재미있고 알기 쉽게 들려주는 어린이 교양 백과입니다.

『스포츠와 올림픽』

인류는 언제부터 스포츠를 했을까요? 축구, 야구, 테니스, 피겨 스케이팅과 같은 다양한 종목은 언제, 어떻게 생겨났을까요? 이 책은 태곳적부터 인류와 함께 발전해 온 스포츠의 역사는 물론, 현대 스포츠의 흥미진진한 세계를 담고 있습니다. 스포츠에 관해 자세히 알고 나면 스포츠를 더욱 재미있게 즐길 수 있을 거예요.

생각이 번쩍, 미래가 반짝!

생각의 탄생

⑧ 스포츠와 올림픽

글 장지원 그림 이창우
기획 자문 김대식(KAIST 교수)

〈생각의 탄생〉을 시작하며…

인간의 뇌는 태어난 후 약 12년 동안 여러 경험을 거치는 '결정적 시기'를 통해 세상을 파악하고 성장해 갑니다. 이 시기의 아이들은 어느 한쪽에 치우치지 않고 다양한 세상을 접할수록 폭넓은 사고를 갖춘 사람으로 자랄 수 있습니다. 〈생각의 탄생〉은 그런 목적으로 기획되었습니다.

아이들의 뇌 성장을 자극하는 주제

한창 자라는 뇌의 신경 세포들은 다양한 자극을 통해 성장합니다. 〈생각의 탄생〉은 아이들의 뇌 발달에 도움이 되는 다양한 문명 관련 주제를 오랜 검토와 고민 끝에 하나하나 정했습니다. 또 하나의 주제 안에서 역사, 문화, 과학, 예술 등 여러 분야의 지식을 융합하여 다양한 자극이 전해지도록 고려했습니다.

인류의 발자취를 따라가며 배우는 생각의 힘

세상의 지식은 서로 연결되어 있습니다. 또 연결된 지식에는 역사가 있습니다. 〈생각의 탄생〉은 연결된 지식의 역사 속에서 누가, 언제, 어떻게 세상에 없던 생각을 떠올렸는지 그 과정을 생생하게 따라갑니다. 아이들은 인류의 생각을 들여다보며 더 나은 미래를 펼칠 상상력을 키울 수 있습니다.

> " 자, 그럼 〈생각의 탄생〉과 함께
> 문명 탄생의 순간들을 찾아
> 즐거운 생각 여행을 떠나 볼까요? "

여덟 번째 지식 여행 『스포츠와 올림픽』

인류는 언제부터, 왜 스포츠를 즐겼을까?

숙제를 다 하고 시간이 생기면 여러분은 뭘 하나요? 최근에는 어른, 아이 할 것 없이 인터넷 게임을 하거나 유튜브 동영상을 보며 주로 시간을 보내기는 하지만, 여전히 많은 사람이 여가 시간에 축구, 야구, 농구 같은 스포츠를 즐깁니다. 월드컵 같은 중요한 경기라도 있으면 많은 사람이 새벽같이 일어나 텔레비전 앞으로 달려가지요. 그뿐인가요? 야구 팬이라면 자신이 응원하는 팀의 유니폼을 하나쯤 가지고 있을 겁니다.

외계인이 스포츠를 본다면

우주의 외계인들이 지구를 방문했다고 상상해 봅시다. 축구 경기에서 성인 남성 22명이 가죽으로 만든 공을 차지하려고 이리저리 뛰어다니는 모습을 외계인들이 이해할 수 있을까요? 나무 막대로 작은 공을 치고는 멀리 날아간 공을 잡으려고 몸을 던지는 지구인들을 보며 외계인들은 아마도 이렇게 질문할

겁니다. 왜 인간은 그렇게나 스포츠에 열심인 거죠? 왜 인간들은 다른 사람들이 운동하는 모습을 보면서 열광하는 건가요? 이렇게 상상해 보면 갑자기 당연한 듯 보였던 스포츠의 여러 특징이 낯설게 느껴질 거예요.

인류는 왜 스포츠를 할까요? 물론 동물들도 뛰어다니고 점프도 하지만, 그런 움직임에는 대개 명확한 목적이 있습니다. 다른 동물을 사냥하거나, 쫓아오는 맹수로부터 피하기 위함이에요. 그러나 인간이나 침팬지 같은 영장류는 지금 당장 그럴 필요가 없는데도 몸을 움직일 때가 있습니다. 뛰어다니면서 서로 잡고 잡히는 놀이를 합니다. 왜 그러는 걸까요? 미래에 있을지 모르는 위험한 상황을 대비해 몸을 미리 훈련하고 준비하려는 것은 아닐까요? 혹시 스포츠는 그렇게 시작되었을까요?

올림픽의 역사부터 스포츠의 과학까지

인류가 즐기는 스포츠에는 다양한 이야기가 담겨 있어요. 〈생각의 탄생〉 여덟 번째 권 『스포츠와 올림픽』에서는 스포츠의 과거와 현재를 깊이 탐구해 봅니다. 스포츠는 언제부터 시작되었는지, 농구나 축구 같은 종목은 어떤 특징이 있는지 등 흥미로운 이야기가 가득합니다. e스포츠도 스포츠일까요? 인공지능은 스포츠에 얼마나 쓰이고 있을까요? 스포츠 과학은 어디까지 발전했을까요? 이 책을 통해 스포츠를 둘러싼 많은 궁금증을 해소하게 되면, 스포츠에 대한 애정이 더욱 깊어지면서, 스포츠와 올림픽의 미래도 자연스럽게 상상해 볼 수 있을 겁니다.

김대식, KAIST 전기 및 전자공학부 교수

차례

〈생각의 탄생〉을 시작하며… 4

인류는 언제부터, 왜 스포츠를 즐겼을까? 5

1 스포츠는 오래전부터 있었어 12

- 스포츠는 사냥과 전쟁에서 시작됐다고?
- 경쟁과 규칙이 필요해
- 놀이에서 산업으로
- 프로와 아마추어는 어떻게 다를까?

2 이토록 다양한 종목들 22

- 스포츠의 근본, 육상과 체조
- 전 세계가 빠져드는 축구
- 영국은 크리켓, 미국은 야구?
- 네트를 사이에 두고 겨루는 스포츠
- 겨울에도 뛰고 싶어 만든 농구
- 스포츠를 넘어 예술로, 피겨 스케이팅
- e스포츠도 스포츠일까?

 e스포츠를 대표하는 '페이커' 이상혁

3 세계인의 축제, 올림픽 44

- 고대 올림픽의 시작
- 올림픽의 부활을 꿈꾸다
- 중요한 것은 승리가 아니라 참가
- 장애인 선수들의 축제, 패럴림픽
- 생각 발견 패럴림픽의 선구자, 루트비히 구트만
- 얼음과 눈 위에서 펼치는 동계 올림픽

4 스포츠로 세상을 바꿔 62

- 스포츠가 전쟁을 멈췄다고?
- 인종 차별에 반대해 손을 들다
- 여자는 축구를 하지 말라고?
- 생각 발견 여자 축구 금지령에 맞선 퍼트리샤 그레고리
- 세상에 온기를 전하는 자선 경기

5 스포츠는 과학이야 74

- 선수의 수명을 늘려라! 스포츠 의학
- 기능과 패션을 다 잡은 유니폼
- 인공 지능이 심판을 대신한다고?

- 흥미진진한 스포츠의 세계 84
- 궁금증 상담소 88
- 손바닥 교과 풀이 90

스포츠는 인류와 함께 계속 발전해서 현재는 거대한 산업이 되었어.

스포츠는 **언제, 어떻게 시작**했을까?
어떻게 지금과 같은 모습으로
발전했을까?
어쩌다 전 세계가 열광하는
문화가 되었을까?

스포츠는 사냥과 전쟁에서 시작됐다고?

　스포츠는 어떻게 시작되었을까? 그건 아무도 몰라. 학자들은 사냥이나 전쟁에서 시작됐을 거라고 추측해. 인간이 사냥에 성공하고 전쟁에서 승리하려면 사냥감보다 더 빨리, 적군보다 더 잽싸게 움직여야 하잖아. 그러려면 평소에 스포츠를 하면서 몸을 단련해야 해. 그러니까 과거에 스포츠는 살아남기 위한 본능적인 움직임에 더 가까웠어.

　인간은 아주 오래전부터 스포츠를 했어. 그걸 어떻게 알 수 있냐고? 고대 벽화에 나와 있거든. 무려 기원전 2000년경에 그려진 이집트 벽화에 두 사람이 레슬링을 하는 그림이 있어. 또 기원전 600년경의 그리스 벽화에는 여러 사람이 축구 비슷한 것을 즐기는 모

습도 있지.

　외국에만 있냐고? 우리나라에도 있어! 400년경에 고구려 사람들이 그린 벽화에는 말을 타고 활을 쏘는 그림이 있어. 그 옆에는 심판도 있고 누가 누가 잘하나 점수를 적는 기록원도 있지. 이런 것을 보면 동양과 서양을 가리지 않고 모두가 아주 오래전부터 스포츠를 즐겼나 봐.

경쟁과 규칙이 필요해

　시간이 지나면서 스포츠는 점차 재미를 위해 하는 놀이로 거듭났어. 뭐든 재미가 있어야 더 하고 싶어지잖아. 스포츠도 마찬가지지.

　스포츠(sports)라는 영어 단어에도 이런 뜻이 담겨 있어. 이 단어는 옛 프랑스어 desport에서 왔는데 이 단어에는 '슬픔이나 지루함을 돌리다. 기쁘게 즐기다.'라는 뜻이 있어. 즉 스포츠는 힘든 일을 잠시 저쪽으로 밀어 두고서 마음껏 놀며 기분을 전환하는 놀이라는 뜻이야.

　그런데 놀이의 특징이 뭘까? 놀이는 내가 재밌어서, 하고 싶어서 하는 거잖아. 하기 싫으면 언제든 그만둘 수 있고. 놀면서 즐거웠다

면 그걸로 충분해. 스포츠에도 바로 그런 특징이 있어.

다만 그냥 놀이와는 다른 점이 하나 있어. 바로 경쟁과 규칙이 있다는 거야. 스포츠는 다른 사람과 경쟁해서 승리하는 것을 목표로 한다는 것이 큰 특징이야. 경쟁을 하려면 당연히 규칙이 있어야겠지? 규칙 없이, 혹은 규칙을 지키지 않으며 다투는 건 그냥 싸움일 뿐이지. 모두가 규칙을 지키며 공정하게 승패를 겨루는 놀이, 그게 바로 스포츠야.

놀이에서 산업으로

　오늘날 스포츠는 단지 사람들끼리 모여 즐기는 놀이만은 아니야. 경기를 하는 선수와 그걸 지켜보는 팬이 생기면서 스포츠는 하나의 산업으로 몸집이 커졌어.

　그런데 우리는 왜 어떤 스포츠의 팬이 되는 걸까? 심리학자들은 스포츠 선수를 응원하는 마음이, 옛날 부족 사회에서 나의 부족을 책임지고 지켜 주는 영웅을 응원하던 마음과 비슷하다고 분석하기도 해. 부족민들이 영웅을 통해 안정감과 소속감을 느끼는 것처럼, 현대 사회에서는 스포츠 선수를 통해 그런 마음을 느낀다는 거야. 사실 내가 지지하는 선수가 경기에서 이기면 마치 내가 이긴 것 같은 성취감이 들기도 하잖아.

경기장에 많은 관중이 모이게 되면서 스포츠는 큰돈이 오가는 산업이 되어 갔어. 스포츠로 돈을 버는 방법도 점점 다양해지고 있어. 단지 경기 티켓을 팔아 수익을 얻는 것을 넘어 광고 후원 수익, 방송 중계권료 등을 얻기도 해. 스포츠 산업은 나날이 커져 가는 중이야.

프로와 아마추어는 어떻게 다를까?

 스포츠 선수는 크게 아마추어 선수와 프로페셔널 선수로 나뉘어. 프로페셔널 선수를 줄여서 프로 선수라고도 하지. 둘의 차이는 뭘까?

프로 선수는 스포츠를 직업으로 하는 선수를 가리켜. 가끔 엄청난 연봉을 받는 스포츠 선수가 뉴스에 오르내리는 것을 봤을 거야. 많건 적건 월급을 받으며 경기를 뛰는 선수가 바로 프로 선수야.

그런데 이렇게 프로와 아마추어의 구분이 생긴 건 비교적 최근의 일이야. 과거 유럽에서는 스포츠는 무릇 돈을 받고 해서는 안 된다고 생각했어. 그래야 스포츠를 기품 있게 즐기는 것이라는 생각이 컸지. 그래서 아마추어 선수가 진정한 선수라고 보았어.

그러다 보니 문제가 생겼어. 돈 많은 귀족들만 스포츠에 참여할 수 있게 된 거야. 가난한 사람은 스포츠 선수가 되기 어려웠지.

하지만 스포츠 경기가 더욱 발전하면서 그런 생각은 점차 사라졌어. 지금은 프로 선수라고 하면 월급을 받으며 경기를 할 정도로 실력이 뛰어난 선수를, 아마추어 선수는 그보다 실력이 부족하거나 미숙한 사람이라고 이해하지.

스포츠의 근본, 육상과 체조

스포츠에는 다종다양한 종목이 있어. 각 종목에는 독특한 역사와 매력이 있지. 몇 가지를 살펴볼까?

우선 육상은 여러 종목 중에서도 제일 원초적인 스포츠로 손꼽혀. 한두 가지 간단한 동작만으로 자웅을 겨루니까. 빨리 달리기, 멀리 뛰기, 높이 뛰기 등은 모두 태초에 인간이 험한 세상에서 맹수나 적의 위협으로부터 살아남기 위해 꼭 익혀야 할 동작 아니겠어? 이런 능력을 겨루는 종목에서는 복잡한 규칙도 딱히 필요 없어. 그

저 남들보다 더 잘 움직이면 돼.

 반면 체조는 근대에 들어와 인간의 신체 단련과 건강 유지에 필요한 기본적인 움직임을 연구하면서 스포츠로 발전했어. 체조는 크게 세 종류로 나뉘어. 기구나 시설을 활용해서 하는 기계 체조, 아무 장비 없이 맨몸으로만 하는 맨손 체조가 있지. 리듬 체조는 음악과 율동을 결합한 체조야. 세 체조 모두 뛰어난 신체 능력을 넘어 예술의 경지까지 오를 수 있다는 점은 공통적이야.

축구는 정말 쉽게 시작할 수 있는 종목이야. 걷거나 뛰다가 내 발 앞에 있는 동그란 뭔가를 뻥 차기만 해도 축구라는 놀이를 할 수 있으니까! 그래서 축구의 역사는 꽤 길지만, 지금 우리가 아는 축구는 1800년대에 영국에서 완성되었어.

축구는 어느 종목보다도 많은 사람이 즐기고 있어. 뛸 수 있는 공간과 공 하나, 골대 두 개만 있으면 얼마든지 할 수 있지. 그래서 가난한 동네에서 태어난, 공 잘 차는 꼬마가 커서 전 세계가 열광하는 스포츠 스타가 되는 일도 왕왕 생겨. 리오넬 메시도 아르헨티나 로사리오의 가난한 가정에서 태어나 자랐고, 크리스티아누 호날두 역시 포르투갈의 가난한 섬마을 마데이라에서 자라면서 위대한 축

구 선수를 꿈꿨어. 그야말로 어떤 팀의 어떤 선수든 성공할 수 있다는 꿈과 희망에 활짝 열려 있는 스포츠가 바로 축구야.

  축구는 전 세계가 즐기는 스포츠다 보니 국가 간의 경기도 많이 열려. 대표적인 것이 바로 월드컵 축구 대회야. 이 대회는 축구라는 단 한 종목만 겨루는데도 종합 스포츠 대회인 올림픽에 규모로도, 인기로도 맞먹을 정도야.

영국은 크리켓, 미국은 야구?

어떤 스포츠는 국가를 대표하기도 해. 크리켓과 야구가 바로 그런 종목이야. 재미있게도 이 둘은 서로 사촌 관계라고 할 수 있지. 야구는 뭔지 알지만 크리켓은 생소하지? 우리는 별로 즐기지 않지만 크리켓도 역사가 깊어. 야구보다도 더!

최초의 크리켓 경기는 양치기들이 했다고 전해 오지. 영국의 양치기들이 들고 있던 지팡이로 공을 쳐서 울타리 문을 맞히는 놀이를 하면서 시작되었대. 영국에서 널리 즐겨서 지금은 많은 사람이 크리켓 하면 영국을 떠올려.

그런데 방망이로 공을 때리는 경기라는 점에서 야구와 조금 비슷해 보이지? 실제로 크리켓을 비롯해 이와 비슷한 스포츠가 미국으로 건너가면서 야구가 만들어졌어. 미국에서 야구가 크게 발전하면서 프로 야구도 생겨났지. 1869년에 '신시내티 레드 스타킹스'라는 최초의 프로 야구단이 만들어졌고, 1876년에는 최초의 프로 야구 리그인 내셔널 리그도 생겨났어. 1901년에는 아메리칸 리그가 출범했고 두 리그가 손을 맞잡음으로써 지금의 메이저 리그 체제로 자리 잡았어. 그래서 많은 사람이 야구 하면 미국을 먼저 떠올려.

네트를 사이에 두고 겨루는 스포츠

 그물망을 경기장 가운데에 설치해 놓고 그 양쪽으로 공을 주고받는 종목도 많이 봤지? 이를 흔히 네트형 스포츠라고 불러. 테니스, 배드민턴, 탁구 등이 있지. 이 중 테니스와 배드민턴을 살펴볼까?

 테니스는 1000년대 프랑스의 수도원 마당에서 시작되었다고 전해 와. 이때는 라켓도 없이 손바닥으로 공을 쳤대. 그러다 1800년대 후반에 유럽 다른 나라에서도 테니스가 인기를 끌기 시작했고 라켓도 생기면서 지금의 모습에 가까워졌지.

 테니스에서는 한 게임마다 점수를 세는 방식이 매우 독특해. 한 점을 딸 때마다 점수가 1, 2, 3으로 올라가는 게 아니라 15, 30, 40 순으로 올라가거든. 왜 점수를 이렇게 매길까?

옛날에는 테니스를 하면서 동그란 시계를 점수 판으로 썼다고 해. 점수를 딸 때마다 시곗바늘을 1/4씩 돌리며 표시했기에 15, 30이 될 수 있었지. 그럼 왜 45가 아니라 40일까? 45보다는 40이 말하기가 편해서 그건 또 40으로 쓰게 되었대. 그렇게 바늘이 한 바퀴를 돌아 60에 다다르면 한 게임을 따내게 돼.

배드민턴은 영국의 보퍼트 공작이 1800년대에 인도의 전통 놀이 '푸나'를 영국으로 가져와 발전시켰어. 보퍼트 공작이 살던 집 이름이 '배드민턴 하우스'여서 이름이 배드민턴이 되었다고 해.

배드민턴은 셔틀콕이라는 독특한 공을 사용해. 반구형 코르크에 깃털을 붙여 만들지. 이런 특성 때문에 라켓으로 타격하는 순간 속력은 시속 320킬로미터에 달해도, 공중으로 솟았다가 떨어질 때는 다른 공보다 훨씬 느리게 착륙해. 이는 경기 속도는 빨라 보이면서도 셔틀콕이 오가는 랠리는 길어지게 하는 효과를 준대.

배드민턴은 누구나 즐기는 스포츠라는 점이 참 매력적이야. 동네 공원이나 뒷산에서 초등학생부터 할아버지까지 부담 없이 즐길 수 있는 게 바로 배드민턴이지. 하늘 위로 높이 뜬 셔틀콕을 둘이서 혹은 넷이서 사이좋게 주고받다 보면, 누가 이기고 지느냐를 떠나 무척 즐거운 시간을 보낼 수 있어.

탁구와 테니스는 무슨 관계?

탁구는 영어로 테이블 테니스(table tennis)야. 1880년대에 영국 귀족들이 저녁 식사 후 테니스를 실내에서 하려고 만들었어.

처음에는 테이블 위에서, 네트 대신 책 한 권을 세워 놓고, 샴페인 코르크를 공으로 삼아 놀았대.

그러다 1900년대에 가벼운 셀룰로이드 공이 만들어지면서 전 세계로 퍼져 나갔지.

이즈음 라켓으로 공을 주고받을 때 나는 소리에서 따온 핑퐁이라는 이름으로도 불리게 됐어.

사실 핑퐁은 상표명이었다고!

겨울에도 뛰고 싶어 만든 농구

　스포츠는 대부분 언제 누가 시작했는지가 확실치 않아. 여러 사람이 어울려 놀다가 점차 발전해 가니까. 그런데 농구의 기원만은 매우 명확해. 1891년 미국에 사는 제임스 네이스미스가 만들었어. 네이스미스는 바깥에서 놀 수 없는 추운 겨울에 실내에서 학생들과 함께할 만한 스포츠가 없을까 궁리하다가 농구를 떠올렸어.

　처음에는 둥근 복숭아 바구니를 사용했대. 그러다 보니 득점 후에는 공을 손으로 꺼내야 했어. 나중에 바구니 바닥을 뚫어 공이 쉽게 나올 수 있도록 했지.

　그렇게 소박하게 시작한 농구는 점차 발전해서 세계적으로 인기 있는 스포츠로 자리 잡았어. 세계에서 가장 큰 프로 농구 리그는

바로 엔비에이(NBA)야. 1946년에 시작해서 현재 총 30개 팀이 겨루고 있지.

이 리그는 괴물 같은 스타 선수로 가득해. '킹' 르브론 제임스부터 '조커' 니콜라 요키치까지 선수들도 선망하는 유명한 선수들이 바로 여기에서 뛰고 있어. 농구 선수라면 모두가 꿈을 이루고 싶어 하는 무대가 바로 엔비에이야.

스포츠를 넘어 예술로, 피겨 스케이팅

피겨 스케이팅은 왜 이름에 '피겨'가 들어갈까? 피겨 스케이팅이 처음 만들어진 1600~1700년대에는 얼음 위에서 일정한 형태로 도형을 그리듯 타는 종목이었어. 이름에 모양이라는 뜻을 지닌 영어 피겨(figure)가 들어간 이유야.

그러다가 여기에 예술을 더해 피겨 스케이팅을 새롭게 바꾼 이가 있었으니 바로 잭슨 헤인스야. 발레 무용수 출신인 헤인스는 스케이트를 타고 왈츠를 춰 보자는 생각을 했어. 그렇게 오늘날 피겨 스케이팅의 기본 요소를 만들어 갔지. 그 뒤에는 악셀 파울센이 또 한 번 예술적으로 크게 발전시켰어. 파울센은 세계에서 처음으로 한 바퀴 반을 도는 점프에 성공한 사람이기도 하지.

우리나라에서는 1924년 창경궁 연못에서 피겨 스케이팅을 했다는 기록이 있어. 1930년대에는 꽁꽁 언 한강에서 빙상 대회를 열기도 했대. 하지만 우리나라는 오랫동안 피겨 스케이팅의 불모지에 가까웠어. 그러다 2000년대에 김연아 선수가 나타나면서 피겨 스케이팅 역사에 큰 발자국을 남겼지. 지금은 그 뒤를 잇는 뛰어난 선수가 계속해서 등장하고 있어.

e스포츠도 스포츠일까?

 게임도 스포츠가 될 수 있을까? "가만히 앉아서 모니터만 보고 손가락만 움직이는데 게임이 어떻게 스포츠가 될 수 있어?" 하고 의문을 표하는 이들도 있어. 하지만 이제 게임은 'e스포츠'라는 이름으로 전 세계가 즐기는 스포츠 종목으로 발돋움했어. 2022년에는 아시안 게임의 정식 종목이 되었지.

 e스포츠는 우리나라에서 처음 시작되었어. 1990년대 후반에 우리나라 오락실과 피시방에서 태어났지. 이곳에서 게임을 좋아하는 사람들끼리 작은 대회를 열기도 했고 그 대회를 중계하기도 했어. 그러다가 '스타크래프트'라는 게임으로 대회가 열렸는데 흥행에 불이 붙은 거야. 2004년 부산에서 열린 스타크래프트 프로 리그

결승전은 10만 관중을 불러 모았지.

　현재 e스포츠는 '리그 오브 레전드', '카운터 스트라이크' 등으로 이어지며 우리나라를 넘어 전 세계 팬들이 즐기는 스포츠로 거듭났어. 유럽의 이름난 프로 축구단이 e스포츠 팀을 창단할 정도야. 30여 년밖에 되지 않은 e스포츠가 이렇게 발전하기까지는 임요환, 이상혁 같은 뛰어난 선수들의 역할이 컸어.

생각 발견

e스포츠를 대표하는 '페이커' 이상혁

프로 무대에서도 남다른 기록을 계속 써 댔지.

국내 리그 역사상 최초의 600승!
국제 대회 통산 유일한 100승!
모든 국제 대회에서 우승한
세계 유일의 선수!

이상혁은 10년이 넘도록 오직 우리나라 팀 T1을 고집했어.

이상혁과 T1은 수많은 우승을 하며 해외 게임 팬들까지 사로잡았어.

불사대마왕

그렇게 T1은 전 지구적 응원에 힘입어 2023년 리그 오브 레전드 월드 챔피언십에서 우승하며 이 대회 최다 우승 팀이자 세계 최강 팀으로 우뚝 섰어.

세계 최강 우승 팀

고대 올림픽의 시작

　수많은 종목이 한자리에 모이고 전 세계인이 함께 즐기는 커다란 스포츠 축제가 있어. 바로 올림픽이야.

　올림픽은 무척 오래된 행사야. 고대 그리스에서 기원전 776년에 처음 열렸다고 알려져 있어. 신화에 따르면 헤라클레스가 12가지 과업을 무사히 끝마친 뒤 제우스 신에게 감사를 드리기 위해 그리스의 올림피아라는 곳에서 4년마다 스포츠 대회를 열었대. 그럼으로써 그리스 청년들에게도 용기와 힘을 북돋고자 했다는 거야.

　이 신화는 어디까지 사실일까? 정확한 것은 아무도 몰라. 기원전 776년보다도 100~200년 먼저 올림픽을 치렀다는 설도 있고, 헤라클레스와 이름만 똑같은 다른 사람이 시작했다는 설도 있어.

실제 고대 올림픽은 닷새간 열렸어. 그리스 신들을 향한 숭배와 스포츠 경기가 섞인 가운데 평화롭게 치러졌어. 연극 같은 예술 행사도 같이 열렸다고 하지.

대회 기간에는 그리스의 여러 도시 국가가 한자리에 모여 서로 우애를 다졌어. 우승자는 지금처럼 금메달을 목에 거는 것이 아니라 올리브나무로 만든 관을 머리에 썼지.

많은 사람이 함께하는 축제였지만 안타깝게도 경기에 참가하는 선수에는 제한이 있었어. 그리스 시민권을 가진 성인 남자만 참가할 수 있었거든. 당시 여성과 노예는 참가가 금지되었던 거야. 그러다 기원전 600년경부터 헤라 여신을 위한 여성들만의 대회가 따로 열렸대.

고대 올림픽은 그리스가 로마 제국의 지배를 받기 시작하면서 점차 쇠락해 갔어. 화합의 의미도 옅어져 갔지. 로마 제국에서도 올림픽이 열리긴 했지만 이때는 그저 이기기 위해서 수단과 방법을 가리지 않는 싸움터가 되었을 뿐이었어.

그러다 로마 제국의 황제 테오도시우스 1세가 기원후 393년 대회를 마지막으로 올림픽을 없애 버리기에 이르러. 그 후 아주 오랫동안 올림픽은 사람들의 기억에서 잊히고 말았지.

고대 올림픽은 어떻게 진행되었을까?

전해 오는 이야기에 따르면 고대 올림픽의 5일간의 일정은 이렇게 짜였다고 해.

첫째 날: 개회식, 제우스 신을 기념하는 제사 및 심판의 서약과 선수의 선서

둘째 날: 5종 경기(멀리뛰기, 원반던지기, 달리기, 창던지기, 레슬링), 시 낭송회, 전차 경주

셋째 날: 제우스 신을 기념하는 제사와 달리기

넷째 날: 갑옷 입고 달리기, 권투, 레슬링 등

다섯째 날: 시상식, 제우스 신에게 감사를 전하는 제사, 승자의 연회

올림픽의 부활을 꿈꾸다

그로부터 약 1500년이 흐른 뒤, 사라진 고대 올림픽을 다시 부활시키면 어떨까 하고 생각하는 사람들이 생겨났어. 그리스 시인 수초스는 1832년에 그리스가 독립하자, 그리스의 옛 영광을 재현해야겠다는 사명감에 불타올랐어. 그 일환으로 올림픽을 다시 열자는 주장을 펼쳤지.

그리스의 사업가 자파스도 그와 생각이 같았어. 그래서 그리스에 올림픽을 부활하자고 강하게 주장했고 마침내 1859년 아테네 북쪽 지역에서 최초의 근대 올림픽이 열렸어. 하지만 다른 나라의 관심을 끌지는 못했어. 그냥 그리스 국내 대회에 불과했고 선수도, 종목도 무척 적었어.

그때 저 멀리 영국에서도 한 사람이 올림픽에 관심을 보였어. 브룩스라는 사람이야. 브룩스도 1866년 런던에서 올림픽을 개최했지만 성공하지 못했지.

그러던 중 피에르 쿠베르탱이라는 프랑스 사람이 세계인의 축제로서 올림픽을 구상하게 돼. 그리고 1896년 4월 6일, 그리스 아테네에서 마침내 제1회 근대 올림픽이 열렸어.

중요한 것은 승리가 아니라 참가

"올림픽의 의의는 승리에 있는 것이 아니라 참가에 있는 것이다. 인간에게 중요한 것은 성공하는 것보다 노력하는 것이다."

쿠베르탱이 말한 올림픽 정신의 대표 격으로 손꼽히는 문장이야. 바로 이 문장처럼 올림픽에서는 이기는 것보다 함께하는 것, 잘하는 것보다 열심히 하는 것을 더 중요시해. 메달 색깔에 상관없이, 다 같이 세계인의 축제에서 구슬땀을 흘렸다는 것 자체를 소중히 여기는 거야.

이 정신의 영향으로 1980년대까지만 해도 올림픽에는 오직 아마추어 선수들만 참가할 수 있었어. 심할 때는 과거에 프로 선수 경력이 있기만 해도 올림픽의 문을 열어 주지 않았지.

요즘에는 프로 선수들의 참가가 허용되어 있지만, 여전히 본래 직업이 따로 있는 선수들이 출전하고 있어.

2016년 리우데자네이루 올림픽 사격 동메달리스트인 영국의 에드워드 링은 옥수수 농사를 짓는 농부였어. 메달을 딴 뒤에 한 인터뷰에서 링은 이렇게 말했어.

"아버지가 올림픽을 보느라 일을 제대로 못 했을 거예요. 제가 얼른 가서 같이 옥수수를 따야 해요!"

장애인 선수들의 축제, 패럴림픽

 올림픽은 4년에 한 번 열려. 그리고 올림픽이 끝나면 곧바로 뒤이어 열리는 스포츠 대회가 있어. 바로 장애인 올림픽이라고도 부르는 패럴림픽이야.

 장애인들의 스포츠 대회는 1948년 런던 올림픽이 열릴 때 처음 시작됐어. 이때는 '스토크 맨더빌 경기 대회'라는 이름이었지. 영국의 스토크 맨더빌이라는 동네에서 주로 척추 마비 장애인들이 중심이 되어 치렀어.

 처음엔 양궁으로 시작해서 하나둘씩 종목이 늘어났고, 1952년에는 영국인뿐 아니라 네덜란드인도 참가하며 국제 경기로 거듭났어. 1960년에는 23개국 400여 명의 선수가 참가하는 대회로 커졌어.

1964년 도쿄 대회에서는 패럴림픽이라는 이름도 만들어졌지. 나아가 1988년에는 최초로 올림픽과 같은 도시, 같은 장소에서 패럴림픽이 개최됐어. 바로 우리나라 서울에서 말이야!

이런 패럴림픽의 성공 뒤에는 유대인 의사 루트비히 구트만의 노력이 있었어.

생각 발견

패럴림픽의 선구자, 루트비히 구트만

루트비히 구트만은 1899년 독일의 한 탄광촌에서 태어났어.

구트만은 독일에서 의대를 졸업했어.

하지만 유대인이었던 구트만은 나치의 차별과 핍박을 피해 1939년 영국으로 망명해야 했어.

영국 정부의 지원 덕분에 다행히 1944년부터 영국의 스토크 맨더빌 병원에서 일할 수 있게 되었지.

얼음과 눈 위에서 펼치는 동계 올림픽

피겨 스케이팅 경기는 원래 여름 올림픽에서 치러졌다는 사실, 알고 있니? 피겨 스케이팅은 1908년에 정식 종목이 되었는데 그때는 동계 올림픽이 따로 없었어. 겨울 스포츠만 모아서 따로 대회를 연 건 그로부터 16년이 지난 1924년의 일이야.

피겨 스케이팅 같은 겨울 스포츠를 올림픽 종목에 포함하려고 많은 사람이 애썼어. 특히 유명한 사람이 스웨덴의 빅토르 발크야. 스웨덴은 눈이 많이 내리고 얼음이 꽁꽁 어는 추운 나라잖아. 이런 나라에서 즐기는 다양한 스포츠가 올림픽 종목으로 채택되기를 바란 거야. 그렇게 겨울 스포츠 종목이 많아지면서 하계 올림픽과 동계 올림픽이 나뉘게 되었지.

　동계 올림픽에도 여러 스포츠가 있어. 크게 눈 위에서 즐기는 종목, 얼음 위에서 즐기는 종목으로 나뉘어. 눈 위 종목은 주로 스키나 스노보드를 타고 하고, 얼음 위 종목은 보통 스케이트를 신고 해. 또 썰매를 타고 달리는 종목도 있지.

　물론 동계 패럴림픽도 있어. 소리에만 의지하면서도 눈 위를 종횡무진 누비는 시각 장애 선수들은 얼마나 멋진지 몰라!

스포츠가 전쟁을 멈췄다고?

스포츠는 서로 언어와 문화가 달라도 다 함께 즐기며 하나로 뭉칠 수 있다는 점이 큰 특징이야. 이런 점 때문에 스포츠는 세계 평화에 기여하기도 해. 고대 그리스에서 올림픽의 역할이 바로 그런 것이었어.

고대 그리스는 수많은 도시 국가로 나뉘어 있었는데 그 나라들끼리 전쟁이 끊이지 않았어. 하지만 4년에 한 번 올림픽이 열릴 때만큼은 짧게는 며칠간, 길게는 몇 개월간 전쟁을 멈추었지.

그뿐만이 아니야. 도시 국가 안에서 격한 논쟁이 벌어지고 있었다면 그것도 멈추었고, 사형 같은 엄한 형벌이 예정되어 있다면 그것도 뒤로 미루었어. 올림픽이 전쟁을 아주 멈추게 하지는 못했지만,

잠시나마 전쟁의 공포에서 벗어나게 해 준 것은 분명해.

　현대에도 평화를 위한 노력은 계속되고 있어. 국제 올림픽 위원회와 국제 연합은 올림픽과 패럴림픽 기간에는 전쟁을 치르지 말자는 약속을 발표해. 2024년에도 파리 올림픽이 시작되기 일주일 전부터 파리 패럴림픽이 종료되고 일주일 후까지 휴전을 꼭 지키자고 힘주어 말했지.

인종 차별에 반대해 손을 들다

 어떤 선수는 스포츠를 통해 세상을 바꾸고자 해. 많은 사람이 지켜보는 경기장에서 뛰고 달리면서 세상을 향해 목소리를 높이는 거야.

 1968년 멕시코시티에서 열린 올림픽에서 전 세계에 충격을 준 사건이 벌어졌어. 남자 육상 200미터 시상식에서 미국의 금메달리스트 토미 스미스와 동메달리스트 존 카를로스가 시상대에 신발 없이 검은 양말만 신고 올랐어. 그러고는 검은 장갑을 낀 손을 높이 들어 올렸지. 검은 양말은 흑인의 가난을, 검은 장갑은 흑인의 단결을 상징했어. 같은 해 4월에 암살당한 흑인 인권 운동가 마틴 루서 킹을 추모하는 동시에, 인종 차별에 항의하는 메시지를 보낸 거야.

당시만 해도 인종 차별은 너무 흔했어. 미국 흑인들은 1965년에야 투표권을 가질 수 있었을 정도니까!

거기에 호주의 은메달리스트 피터 노먼은 백인임에도 그 둘과 함께하겠다는 뜻으로 인권을 상징하는 배지를 달고 나란히 섰어.

그 모습이 전 세계로 보도되면서, 많은 사람이 인종 차별에 대해 깊이 생각해 보는 계기가 되었어.

여자는 축구를 하지 말라고?

　당연한 말이지만 스포츠는 남녀노소 누구나 참여해 즐길 수 있어. 하지만 여자 선수에 대한 편견은 꽤 오랫동안 있었던 게 사실이야. 일상에 있던 여성 차별이 스포츠에서도 일어난 거지. 올림픽의 창시자 쿠베르탱도 올림픽에 여자의 참가를 반대할 정도였어. 오랫동안 많은 사람이 이런 편견과 차별에 맞서 싸워야 했어.

　예를 들어 볼까? 1921년 12월 잉글랜드 축구 협회에서는 여자 축구를 금지하기에 이르러. 그 당시 이미 잉글랜드에 여자 축구단 수가 약 150팀에 달했는데도 말이야! 축구는 여자에게 어울리지 않는다는 것이 그 이유였어. 얼토당토않은 말이었지.

　이에 여러 사람이 들고일어나 맞서 싸웠어. 퍼트리샤 그레고리를 비롯해 많은 여자 축구 선수가 금지령에 아랑곳하지 않고 계속 축구단을 만들고 축구장을 누비며 즐겁게 공을 찼어.

마침내 여자 축구 금지령은 만들어진 지 50년이 지난 1971년 7월에 사라졌어. 그리고 2008년에 뒤늦게 잉글랜드 축구 협회는 여자들에게 축구를 하지 못하도록 한 역사에 대해 에둘러 사과했지.

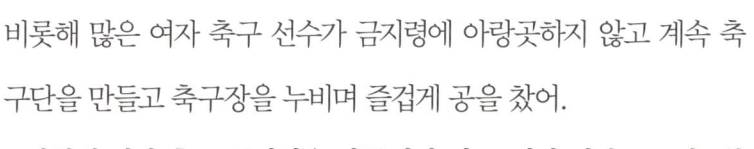

생각 발견
여자 축구 금지령에 맞선 퍼트리샤 그레고리

1947년 영국 런던에서 태어난 퍼트리샤 그레고리는 축구에 열광하는 십 대였어.

1966년에 월드컵을 보다가 문득 이런 생각이 떠올랐어.

왜 여성은 이런 아름다운 스포츠를 할 수 없지?

그레고리는 선수들을 모아 축구 팀을 만들고 축구장을 구하기 시작했어.

여자 선수 구합니다.

선수들이 꽤 모이자 화이트 리본 FC라는 팀을 만들었어.

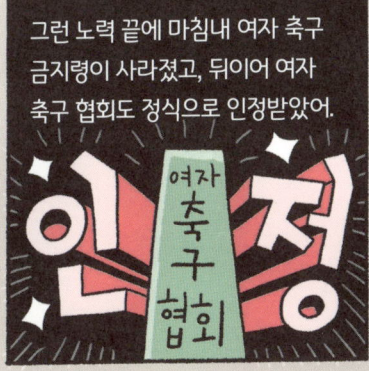

세상에 온기를 전하는 자선 경기

 스포츠에서는 치열한 경쟁이 펼쳐지지. 그런데 가끔 불타는 경쟁에서 잠시 벗어나 서로 웃고 즐기기만 해도 되는 경기가 열려. 티켓과 기념품 판매, 후원금을 통해 얻은 수익을 사회에 기부하는 따뜻함까지 갖추면서 말이야. 바로 자선 경기야.

 대표적인 자선 경기로는 흔히 '사커 에이드'라는 이름으로 불리는 유니세프 자선 축구가 손꼽혀. 2006년부터 거의 해마다 개최되며 지구의 어린이들을 도울 따뜻한 사랑을 모으고 있지. 이 경기는 유명한 선수들이 참여하는 것으로 유명해. 남녀 축구 선수뿐만 아니라 다른 종목 선수들도 여럿 참여하는데, 2023년에는 자메이카의 육상 선수 우사인 볼트가 주장을 맡아 뛰었지. 이날 경기로 약

247억 원이 모금되었어.

 이런 자선 경기는 축구뿐만 아니라 다양한 종목에서 펼쳐져. 복싱에도 자선 경기가 있어. 지난 2020년에는 '핵 주먹' 마이크 타이슨 대 '4체급 챔피언' 로이 존스 주니어가 대결을 펼쳤어. 둘 다 50대의 나이였는데 자선 경기를 위해 다시 양손에 글러브를 낀 거야. 이 대결은 치열한 경기 끝에 무승부로 마무리됐어.

선수의 수명을 늘려라! 스포츠 의학

의학이 발전하며 사람들의 수명이 늘어났잖아. 마찬가지로 스포츠 의학이 발전하면서 선수들의 수명이 늘어났어. 선수로서의 수명 말이야. 그뿐 아니라 부상을 입어도 빠르게 회복하게 되었어.

과거에는 운동선수가 경기에서 뼈가 부러지거나 인대가 끊어지기라도 하면 그 즉시 은퇴해야 했어. 하지만 요즘에는 선수가 의지만 있다면 수술하고 재활해서 더 오래 뛸 수 있어.

이를 직접 보여 준 사람이 바로 영국의 축구 선수 손 바커야. 바커는 2012년에 팀 동료와 세게 부딪히며 양쪽 무릎이 모두 꺾이는 부상을 입고 말았어. 다섯 차례나 대수술을 받아야 했지. 수술 후에 이어진 재활 과정은 무척 고통스러웠어.

그 모든 아픔을 이겨 낸 끝에 바커는 4년 6개월이 지난 2016년 드디어 복귀했어. 그에게 주어진 경기 시간은 후반 추가 시간 중에서도 90초에 불과했지만 바커는 무척 기뻐하며 이렇게 말했어.

"이제 새로운 시작을 맞이했죠. 내 능력을 다시 증명해 보일 때가 왔습니다."

기능과 패션을 다 잡은 유니폼

요즘에는 어느 종목이든 개성 있는 유니폼이 있지. 하지만 1896년에 제1회 아테네 올림픽이 열릴 때만 해도 통일된 유니폼이 없었어. 같은 팀 선수들이라도 그냥 각자 챙겨 온 멋진 옷을 입고 뛰었지. 축구도, 야구도 처음에는 선수 모두 앞에 단추가 달린 정장 스타일의 셔츠를 입고 뛰었어. 정말 불편했겠지?

그러다가 차츰 종목에 맞는 기능이 더해진 옷, 다른 팀과 구별되는 옷을 맞추어 입기 시작했어. 시간이 갈수록 유니폼은 소재에서도 큰 변화가 잇달았어. 특히 1960년대에 들어서는 나일론 같은 합성 섬유가 개발되며 혁명을 일으켰어. 얇고 가벼우면서, 잘 늘어났다가도 금세 원래 모양으로 돌아와서 스포츠 의류에 매우 적합

했지.

　여기에 더해 땀 흡수와 배출이 잘되도록 유니폼의 어떤 부분에는 돌기를, 어떤 부분에는 구멍을 만들기도 해. 피부에 자주 닿는 쪽에는 돌기를 만들어 몸에 쉽게 들러붙지 않게 하고, 땀이 특히 많이 나오는 쪽에는 구멍을 만들어 더 빠르게 마르도록 하는 거지. 이런 유니폼은 격렬하게 뛰고 난 후에도 여전히 뽀송뽀송해.

너무 많이 발전한 나머지 끝내 금지되고 만 유니폼도 있어. 2000년대 후반에 미국의 수영 선수 마이클 펠프스를 시작으로 너도나도 최첨단 수영복을 입은 적이 있어. 그 수영복을 입으면 물에서 더 잘 뜨고 체형도 유선형에 가까워져서 더 빠르게 수영할 수 있었어.

그러다 보니 날이 갈수록 선수들의 실력보다 수영복의 기능이 더 주목받는 이상한 현상이 벌어졌어. 세계 기록이 뒤바뀌는 속도도 터무니없이 빨라졌지. 그래서 수영복 가격이 치솟았지만 이제 선수들에게는 선택지가 없었어. 그 수영복을 입지 않고서는 경기에 나설 수 없을 지경이었으니까.

끝내 국제 수영 연맹은 수영복 규정을 바꾸어 최첨단 수영복을 금지했어. 그런 뒤에야 수영복에 관한 논란이 물 아래로 가라앉았지.

팬들이 입는 유니폼, 레플리카

과거에는 선수들의 유니폼을 팔지는 않았어. 그냥 기념품 정도만 있었지.

유니폼은 평상시 입는 옷보다 색깔도, 무늬도 화려한 편이잖아. 그런 걸 누가 굳이 돈을 주고 사 입을까 생각했던 거야.

그러다 1974년 잉글랜드 FA컵 결승전에서 '뉴캐슬 유나이티드' 팬 두 명이 손수 만든 유니폼을 입고 관중석에 등장한 것이 카메라에 찍혔어.

이를 눈여겨본 스포츠 의류 회사들이 축구 팬을 위한 유니폼도 판매하기 시작했지.

이렇게 팬들이 입는 유니폼을 레플리카라고 해. 지금은 많은 종목의 팬이 레플리카를 즐겨 입지.

인공 지능이 심판을 대신한다고?

과거 스포츠에서는 '오심도 경기의 일부'라고 말하곤 했어. 심판도 사람이니까 완벽할 수는 없다고 생각한 거야. 하지만 이제 이런 말을 하는 사람은 거의 없어. 사진과 비디오 심지어 인공 지능까지 판정에 활용하고 있거든.

첫 시작은 비디오 판독이 아닌 사진 판독이었어. 사진을 활용한 판독은 일분일초를 다투는 육상에 처음 도입됐어. 1948년 런던 올림픽 남자 100미터 결승전에서는 사진 판독으로 1등과 2등이 뒤바뀌기도 했어. 기술은 발전을 거듭해서 2012년 런던 올림픽 때는 무려 100만 분의 1초 차이까지 판별할 수 있게 되었어.

테니스에서는 비디오 판독을 하는 '호크아이'가 유명해. 경기장

곳곳에 설치된 초고속 카메라가 테니스공이 정확히 어디에 떨어졌는지 알려 줘. 또 야구에서는 인공 지능을 적용한 자동 볼·스트라이크 판정 시스템이 등장했어. 볼이냐, 스트라이크냐에 대한 판정을 두고 늘 갈등과 불만이 일었는데 이를 보완한 거야.

이런 다양한 첨단 기술 덕분에 확실히 오심은 줄었어. 하지만 그만큼 스포츠의 낭만이 사라져 간다고 아쉬워하는 사람도 많아.

흥미진진한 스포츠의 세계

스포츠는 사냥과 전쟁에서 시작되었어.

그러다 점차 서로 함께 즐기는 놀이가 되어 갔어.

놀이 중에서도 규칙을 지키며 공정하게 경쟁하는 놀이가 바로 스포츠야.

오늘날 스포츠 종목은 매우 다양해. 오랜 역사를 자랑하는 육상과 체조, 전 세계가 함께 즐기는 축구, 네트를 사이에 둔 테니스 등 종목마다 특징도 달라.

최근에는 e스포츠도 당당히 스포츠 종목의 하나로 자리 잡았어.

수많은 종목이 한자리에 모여 자웅을 겨루는 축제로 올림픽이 있어.

과학이 발전하면서 스포츠도 크게 달라지고 있어. 스포츠 의학을 통해 선수들이 더 오래, 더 탁월하게 경기를 펼쳐.

스포츠 유니폼도 더 뛰어난 기능을 갖추는 것은 물론 패션의 하나로 발전하는 중이야.

인공 지능이 심판 역할을 하면서 오심이 크게 줄었어. 스포츠는 지금도 계속 발전 중이야.

궁금증 상담소

Q 올림픽 금메달은 순금일까?

A 국제 올림픽 위원회는 올림픽 디자인과 관련된 규칙을 정하면서 메달의 원료를 다음과 같이 정해 두었어. 금메달은 순도 92.5퍼센트 이상의 은으로 대부분 구성하고 6그램 이상의 순금으로 도금할 것. 즉 금메달은 겉만 금으로 했을 뿐 주원료는 사실 은이야!

Q 개와 함께하는 스포츠가 있다고?

A 대표적인 것으로 어질리티와 프리스비가 있어. 어질리티는 반려견이 사람과 같이 뛰며 다양한 장애물을 통과하는 종목이고, 프리스비는 사람이 원반을 던지면 반려견이 달려가 멋지게 점프해 물고 되가져오는 종목이야. 이 외에도 반려견은 달리고 사람은 스키를 타는 스키저링, 반려견과 요가를 즐기는 도가 등도 있어.

Q 올림픽에서 마라톤은 왜 42.195킬로미터를 달릴까?

A 1908년 런던 올림픽에서는 마라톤 경기 때 주 경기장부터 총 42킬로미터를 달리기로 정했어. 그러자 영국 왕실이 "출발하는 모습을 보고 싶으니 출발선을 윈저 궁 창 아래로 옮겨 달라."라고 요청했지. 이 때문에 거리가 195미터 더 늘어나 42.195킬로미터가 된 거야.

Q 왜 미국에서 축구는 사커, 미식축구는 풋볼일까?

A 영국에서는 과거에 축구를 사커라고 불렀어. 그런데 이 사커라는 말이 미국에서 축구(사커)와 미식축구(풋볼)를 구분하는 말로 더욱 널리 쓰였어. 그사이 정작 영국에서는 사커 대신 그냥 풋볼이라고 부르게 되었지.

Q 패럴림픽은 무슨 뜻이야?

A 하반신 마비를 뜻하는 패러플레직(Paraplegic)과 올림픽(Olympic)을 결합한 거야. 장애인 올림픽이 처음에 척추 장애를 입은 사람들을 중심으로 시작했기 때문에 이런 이름이 붙었어. 하지만 현재 패럴림픽의 패러(Para)는 나란히, 즉 '장애에 상관없이 누구나 동등한 위치에서 경쟁한다.'는 의미로 발전했어.

Q 옛날에도 스포츠 의학이 있었어?

A 스포츠 의학의 원조로 불리는 사람은 고대 로마 시대의 의사 갈레노스야. 그는 기원후 200년에 사망할 때까지 해부학 및 생리학 등 의학 분야에서 크게 활약했어. 또 로마 제국 군대의 주치의로도 활동했는데 이게 현대 스포츠에 있는 팀 닥터의 시초라고도 해.

손바닥 교과 풀이

초등 5학년 1학기 사회

1. 국토와 우리 생활

- 우리나라는 주로 온대 기후가 나타나는 지역이다.
- 우리나라 기후는 사계절이 뚜렷하고, 계절별 기온 차가 큰 특징이 있다.

우리나라에서는 1924년 창경궁 연못에서 피겨 스케이팅을 했다는 기록이 있어.

초등 6학년 1학기 사회

2. 우리나라의 경제 발전

- 기업은 사람들에게 필요한 물건을 만들어 판매하거나 서비스를 제공해 이윤을 얻는다.
- 시장에서 가계와 기업이 만나 경제 활동이 이루어진다.

경기장에 많은 관중이 모이게 되면서 스포츠는 큰돈이 오가는 산업이 되어 갔어.

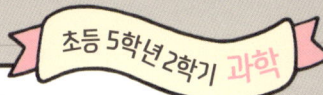

3. 날씨와 우리 생활

– 구름은 작은 물방울과 얼음 알갱이로 이루어져 있다.
– 물방울이 무거워져 떨어지거나, 얼음 알갱이가 녹지 않고 떨어지면 눈이 된다.

눈 위 종목은 주로 스키나 스노보드를 타고 하고, 얼음 위 종목은 보통 스케이트를 신고 해. 또 썰매를 타고 달리는 종목도 있지.

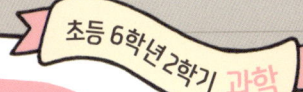

5. 에너지와 생활

– 운동할 때 우리 몸의 운동 기관은 영양소와 산소를 이용해 몸을 움직인다.
– 호흡 기관은 우리 몸에 필요한 산소를 제공하여 이산화 탄소를 몸 밖으로 내보낸다.

스포츠는 사냥과 전쟁에서 시작되었어.
그때 스포츠는 살아남기 위한 본능적인 움직임에 더 가까웠어.

생각의 탄생_⑧ 스포츠와 올림픽

1판 1쇄 발행 | 2024년 7월 19일
1판 3쇄 발행 | 2025년 1월 24일

펴낸이 | 김영곤
아동부문 프로젝트3팀 | 이장건 김의헌 박예진 서문혜진 박고은 김혜지 이지현 **책임편집** | 김선아
아동마케팅팀 | 장철용 명인수 손용우 이주은 양슬기 최윤아 송혜수
아동영업팀 | 변유경 김영남 전연우 강경남 최유성 권채영 김도연 황성진
디자인 | 여백커뮤니케이션 **제작** | 이영민 권경민

펴낸곳 | ㈜북이십일 아울북
출판등록 | 2000년 5월 6일 제406-2003-061호
주소 | (10881) 경기도 파주시 회동길 201 (문발동)
대표 전화 | 031-955-2100 **팩스** | 031-955-2177
홈페이지 www.book21.com

ISBN | 979-11-7117-672-4
ISBN | 978-89-509-4065-2(세트)

ⓒ 장지원 · 이창우, 2024
이 책을 무단 복사복제전재하는 것은 저작권법에 저촉됩니다.

* 잘못 만들어진 책은 구입하신 서점에서 교환해 드립니다.
* 가격은 책 뒤표지에 있습니다.

⚠ **주의** 1. 책 모서리가 날카로워 다칠 수 있으니 사람을 향해 던지거나 떨어뜨리지 마십시오.
　　　　 2. 보관 시 직사광선이나 습기 찬 곳을 피해 주십시오.

* 제조자명 : ㈜북이십일
* 주소 및 전화번호: 경기도 파주시 회동길 201(문발동)/031-955-2100
* 제조연월 : 2025.01
* 제조국명 : 대한민국
* 사용연령 : 3세 이상 어린이 제품

* **일러두기** 맞춤법과 띄어쓰기는 《표준국어대사전》을 기준으로 삼았고, 외국의 인명, 지명 등은 국립국어원의 '외래어 표기법'을 따랐습니다.

잠깐! 특별 궁금증 상담소

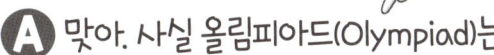

Q 올림피아드도 올림픽처럼 올림피아에서 유래된 말이야?

A 맞아. 사실 올림피아드(Olympiad)는 고대 올림픽이 열리는 4년 간격을 칭하는 시간의 단위였어. 하지만 요즘 올림피아드는 스포츠 대회만 뜻하지는 않지. 수학, 과학, 경제 등 지적 능력을 겨루는 국제 대회에서도 올림피아드라는 이름을 사용하고 있어.

 올림픽의 스포츠 정신과 올림피아드의 지적 도전, 닮은 점이 많지 않아?

나도 올림피아드에 도전해 보고 싶은데… 지적 능력이 부족해.

 좋아! 내가 그 고민에 대한 답도 알려주지!

궁금하다면 다음 장을 보세요!